Sofie macht Geschichten

Traumfabrik Literaturblätter

von Karin Pfeiffer

Stolz Verlag
Edition Lendersdorfer Traumfabrik

www.stolzverlag.de

Die Geschichte

Sofie ist fast sieben Jahre alt und geht in die erste Klasse. Sie ist ein lebhaftes Mädchen und nicht auf den Mund gefallen: Sie sagt spontan ihre Meinung, und wenn sie sich ärgert, kann sie auch ganz schön maulen. Sofie ist aber auch ein liebenswertes Kind. Sie versteckt ihre Gefühle nicht, zeigt sich auch schon mal hilflos und hält freundschaftlich zu Olli, der ihr bester Freund ist. Die Geschichten erzählen vom Alltag, der jedoch keinesfalls langweilig ist. Wir schmunzeln über Sofies Versuch, allein Pudding zu kochen, freuen uns über ihre hintergründige Schlagfertigkeit, sind erstaunt über manche ihrer Gedanken. Und als Olli am Ende des Schuljahres auf eine andere Schule wechseln muss, ist Sofie zunächst untröstlich.
Die kurzen Geschichten sind hervorragend als erster Lesestoff geeignet. Jedes Kapitel ist in sich geschlossen. Der Schriftsteller Peter Härtling ist außerdem Garant für gute Literatur – nur solche sollte unseren Schülern angeboten werden.

Liebe Lehrer, liebe Eltern!

Wenn das Buch als Klassenlektüre eingesetzt wird, besteht die Problematik, dass einige Kinder schneller lesen als andere. Behindern wir die Leseratten nicht! Nichts wäre der Motivation abträglicher, als das Lesen zu unterbinden, weil die Arbeitsblätter parallel dazu bearbeitet werden sollen. Mit leseschwachen Kindern muss man sich hingegen Schritt für Schritt voranarbeiten.
Liebe Lehrer, liebe Eltern! Wenn ihr wollt, dass eure Schützlinge im Schulfach Deutsch gute Fortschritte machen – und natürlich wollt ihr das! – dann schafft Voraussetzungen, die eine intensive Auseinandersetzung mit Wort und Text zulassen. Dazu gehören folgende Übungsformen:

- Auswendiglernen von kleinen Textpassagen
- auf Fragen in ganzen Sätzen antworten – dabei wird die richtige Satzstruktur wiederholt und eingeprägt
- Formulieren von Fragen und weiterführenden Gedanken
- Nachschriften und Diktate

Damit wird der Grundstein für einen späteren guten Schulerfolg gelegt. Denn alles hängt von der sicheren Beherrschung der Muttersprache ab.

Die Traumfabrik-Literaturblätter

Heute ist es wichtiger denn je, Kinder an das Lesen heranzuführen. Zum Lesen gehört auch die intensive Auseinandersetzung mit der Schriftsprache. Das Lesen fördert Fantasie, Konzentration und Sprachfertigkeiten. Lesen macht geduldig und still, Lesen bildet. Der wesentliche Unterschied zur Beschäftigung mit anderen modernen Medien besteht in Ruhe und Konzentration, die sich beim Lesen interessanter Lektüre von selbst einstellen.
Auf dem Markt werden inzwischen vielfältige Materialien angeboten, die das Lesen an Schulen fördern sollen. Zahlreiche Arbeitshilfen betonen den spielerischen Charakter von Textverständnis und -verarbeitung. Im Sinne des ganzheitlichen Lernens ist es natürlich begrüßenswert, einen Text mit allen Sinnen zu erfassen, zu singen, zu basteln, zu spielen – doch darf es nicht dabei bleiben.
Mit vorliegenden Literaturblättern schließen wir jene Lücke, die sich zwischen Spiel und Lernen auftut: die eher stille und beharrliche Beschäftigung mit Texten, verbunden mit Aufgabenstellungen aus dem klassischen Deutschunterricht.
Texte dürfen nicht nur Untermalung für ein pädagogisches „Spektakel" sein.
Rufen wir nicht heute alle nach mehr Stille und Ruhe an den Schulen? Also geben wir den Schülern Aufgaben, die Voraussetzungen dazu schaffen. Unsere Literaturblätter enthalten entsprechende Aufgaben. Die Erfahrung zeigt, dass Kinder sich nach solchen Übungen sehnen.

Die Aufgaben können von den Kindern ohne viel Hilfe selbst bewältigt werden. Schüler mit Sprachdefiziten benötigen zusätzliche Hilfe. Jedes Kind sollte sein eigenes Lektürebuch besitzen – zum Nachschlagen und Vergleichen bei den Sprach- und Sprechübungen.

Lassen Sie auch öfter laut vorlesen. Lesen Sie selbst zwischendurch laut vor. Achten Sie auf gut artikuliertes Sprechen – bei sich selbst und bei den Schülern. Alle Schwierigkeiten beim Verstehen und Schreiben beginnen im Ohr! *
Wenn Sie merken, dass die Kinder müde werden, wechseln Sie die Tätigkeit.
Zur Lektüre sollte man nicht zwingen, sonst erreicht man das Gegenteil. Und bitte: „Zerkauen" Sie den Stoff nicht! Ich meine damit, dass Sie nicht zu lange an einer Stelle stehen bleiben und diese immer wiederholen, weil Sie den „letzten Schüler", die „letzte Schülerin" auch mitnehmen möchten! Ich habe selbst im Unterricht erlebt, dass ständiges „Wiederkäuen" des Immerselben Lust und Motivation am Lernen nachhaltig zerstören kann, und zwar bei begabten wie schwächeren Schülern gleichermaßen.
Bedenken Sie bitte, dass diese Blätter lediglich ein Zusatzmaterial sind. An erster Stelle stehen Inhalt des Buches und die Freude am Lesen.

Karin Pfeiffer

* Vgl. „Besser zuhören, besser lernen", Stolz Verlag, Best.-Nr. 010

Stolz Verlag Edition **Lendersdorfer Traumfabrik** Sofie macht Geschichten – Literaturblätter, Best.-Nr. 108

Wie ist das bei dir zu Hause?

Kreuze an: stimmt / stimmt nicht

	stimmt	stimmt nicht
Ich schlafe gern lange.		
Mein Unterricht beginnt um acht Uhr.		
Ich muss früh aus dem Bett.		
Wenn ich aufstehe, bin ich noch müde.		
In meiner Familie stehen alle früh auf.		
Zuerst steht meine Mutter auf.		
Sie weckt alle anderen.		
Mein Vater brummt, weil er müde ist.		
Ich habe Geschwister.		
Ich bin die Jüngste.		
Zum Frühstück trinke ich Kakao.		
Ich freue mich immer auf die Schule.		

Schreibe auf, wie es bei dir zu Hause morgens vor der Schule zugeht.
Lies deinen kleinen Aufsatz laut vor!

Stolz Verlag Edition **Lendersdorfer Traumfabrik** Sofie macht Geschichten – Literaturblätter, Best.-Nr. 108

Sofie vergisst eigentlich nichts

Seite 8 – 9

Was gehört alles in deine Schultasche?

Lies die Schildchen, eines nach dem anderen.
Du merkst schon: Da haben sich falsche Sachen eingeschmuggelt.
Nimm einen Buntstift. Welche Dinge gehören in eine Schultasche? Male nur diese Schildchen bunt aus. Die anderen bleiben weiß.

Schreibe dann so in dein Heft:

In meine Schultasche gehören diese Dinge:
Bleistift, …

Bleistift	Rechenheft
Farbstifte	Lesebuch
Spitzer	Schneemann
Hosenknopf	Sonnenöl
Schreibtisch	Telefon
Radiergummi	Liederbuch
Malfarben	Blockflöte
Stuhl	Turnhose
Zeichenblock	Pausenbrot
Schreibheft	Vogelnest
Eierbecher	Sonnenstrahl
Negerkuss	Apfel

Was ist außerdem noch in deiner Schultasche?

Stolz Verlag Edition **Lendersdorfer Traumfabrik** Sofie macht Geschichten – Literaturblätter, Best.-Nr. 108

Die richtige Reihenfolge

Die folgenden Sätze sind in der Reihenfolge vertauscht. Überlege, welche Reihenfolge richtig ist. Nummeriere die Sätze. Jetzt kannst du laut vorlesen. Schreibe danach in dein Heft.

- ☐ Wir schütten das Wasser auf den Weg.
- ☐ Wir lachen.
- ☐ Wir machen eine Rutschbahn.
- ☐ Die Frau schimpft, und der Mann auch.
- ☐ Wir streuen Sand.
- ☐ Eine Frau und ein Mann rutschen auch.
- ☐ Das Wasser wird zu Eis.
- ☐ Jetzt haben wir eine Streurutschbahn.
- ☐ Wir rutschen.
- ☐ Der Mann sagt: „Ihr müsst streuen!“
- ☐ Wir holen Wasser.

Die richtige Reihenfolge:

1. Wir machen eine Rutschbahn.
2. Wir holen Wasser.
3. Wir schütten das Wasser auf den Weg.
4. Das Wasser wird zu Eis.
5. Wir rutschen.
6. Eine Frau und ein Mann rutschen auch.
7. Die Frau schimpft, und der Mann auch.
8. Wir lachen.
9. Der Mann sagt: „Ihr müsst streuen!“
10. Wir streuen Sand.
11. Jetzt haben wir eine Streurutschbahn.

Stolz Verlag Edition **Lendersdorfer Traumfabrik** Sofie macht Geschichten – Literaturblätter, Best.-Nr. 108

Olli gibt an

Seiten 12 – 13

Weißt du das?

Beantworte die folgenden Fragen:

Was kostet eine Tafel Milchschokolade mit 100 g?

Was kostet eine Tüte Bonbons?

Was kostet ein Schulheft?

Was kostet eine Dose Seifenblasen?

Was kostet ein Brötchen?

Was kostet ein Apfel?

Was kostet eine Banane?

Was kostet ein Liter Milch?

Was kostet ein Pullover?

Was kostet eine Fahrt mit dem Autobus?

Was kostet das Porto für einen Brief?

Was kostet ein Bleistift?

Was kostet ein Radiergummi?

Was kostet eine neue Schultasche?

Was kostet ein Eis mit zwei Bällchen?

Was kostet eine kleine Flasche Mineralwasser?

Was kostet ein Spielzeugauto?

Was kostet eine kleine Puppe?

Was kostet ein spannendes Buch?

Wenn du diese Fragen beantworten kannst, bist du schlau.
Aber du merkst schon: Es gibt Unterschiede in den Preisen. Sprecht darüber!

Sprecht auch darüber, ob man alles kaufen muss, was es so gibt.
Hast du dir schon einmal darüber Gedanken gemacht, wo das Geld herkommt?

Stolz Verlag Edition **Lendersdorfer Traumfabrik** Sofie macht Geschichten – Literaturblätter, Best.-Nr. 108

Sofie mag Jeans

Seiten 14 – 15

Meine Lieblingsbekleidung

Sofie hat am liebsten Jeans an. Und wie ist das bei dir? Welches sind deine Lieblingsanziehsachen? Zeichne dich darin auf!

ICH

Wähle hier aus, wie deine liebsten Kleidungsstücke heißen. Welche Farben und Muster magst du besonders? Schreibe dann deine Auswahl in ein Heft.

Jeans	blau
Latzhose	grün
Shorts	rot
Minirock	gelb
langer Rock	orange
Kleid	lila
Bluse	rosarot
Pullover	braun
T-Shirt	schwarz
Leggins	weiß
Socken	gemustert
Kappe	bunt
Strickjacke	gestreift
Mantel	gepunktet
Anorak	kariert

Sprich oder schreibe so:

Am liebsten mag ich meinen gelben Minirock. Am liebsten

Stolz Verlag Edition **Lendersdorfer Traumfabrik** Sofie macht Geschichten – Literaturblätter, Best.-Nr. 108

Sofie und Vaters Wasserwerk

Seiten 16 – 17

Rund um das Wasser

Wir bilden Sätze. Füge die Teile mit Linien richtig zusammen. Sprich laut.
Du kannst die Sätze dann auch in dein Heft schreiben.

Sofies Vater	fällt als Regen vom Himmel.
Sofie	speichert das Wasser im Höcker.
Der Mensch	wird im Klärwerk sauber.
Das Kamel	arbeitet im Wasserwerk.
Das Wasserwerk	wäscht sich nicht gern.
Das Wasser	braucht frisches Wasser zum Trinken.
Schmutzwasser	sorgt dafür, dass Wasser in die Wohnungen kommt.

Schlüpfe in Sofies Rolle und erzähle:

Als mal kein Wasser da war

Stolz Verlag Edition **Lendersdorfer Traumfabrik** Sofie macht Geschichten – Literaturblätter, Best.-Nr. 108

Ich mache Pudding

Milch in den Krug schütten
Puddingpulver dazugeben
den Mixer hineinhalten und anschalten
gut durchrühren
den steifen Pudding in eine Glasschüssel füllen
in den Kühlschrank stellen
Guten Appetit!

Kannst du daraus ganze Sätze formen? Schreibe so in dein Heft:

Zuerst schütte ich Milch ...
Dann gebe ich ...
Jetzt halte ich ...
Ich rühre ...
Zuletzt fülle ich ... und ...
Guten Appetit!

Hast du auch schon mal etwas gekocht? Was? Ging alles gut?
Berichte darüber!

Stolz Verlag Edition **Lendersdorfer Traumfabrik** Sofie macht Geschichten – Literaturblätter, Best.-Nr. 108

Tiere im Zoo

Was passt zusammen? Verbinde mit Linien, lies laut. Schreibe dann die Sätze richtig in dein Heft. Kannst du noch mehr solche Sätze bilden?

Schimpansen	haben Stoßzähne aus Elfenbein.
Löwenmännchen	haben einen sehr langen Hals.
Eisbären	sind Affen.
Elefanten	haben ein weißes Fell.
Flamingos	haben eine lange Mähne.
Wölfe	sind rosarote Vögel.
Giraffen	fühlen sich im Rudel wohl.

Füttern verboten!

Lies den folgenden Text aufmerksam. Wiederhole dann mit eigenen Worten, was du gelesen hast. Weißt du noch mehr darüber?

Der junge Elefant Fatu starb, obwohl er nicht krank gewesen war. Nach seinem Tod fand man heraus, dass er an Zucker gestorben war. Tagsüber hatten ihm immer wieder Besucher ein Würfelchen Zucker zugesteckt. Am Abend waren das dann zusammen mehrere Kilogramm. Ein Elefant verträgt keinen Zucker. Fatu starb unter großen Schmerzen.

Nur einige Tage später starb der Seelöwe Goliath an einer Plastiktüte. Jemand hatte sie weggeworfen, und der Wind hatte die Tüte in sein Gehege geweht.

Stolz Verlag Edition **Lendersdorfer Traumfabrik** Sofie macht Geschichten – Literaturblätter, Best.-Nr. 108

Sofie ist ängstlich

Seite 25

Wer sagt was?

Hast du dir gemerkt, wer spricht? Schreibe die richtigen Namen in die Zeilen:

Lehrerin, Katja, Sofie

__________ : „Wer kann mir sagen, wo Sofie ist?“

__________ : „Ich muss mal raus!“

__________ : „Sei bitte leise. Sonst störst du.“

__________ : „Was machst du denn hier?“

__________ : „Ich bin zu spät gekommen. Jetzt warte ich, bis Pause ist. Das stört sonst.“

__________ : „Ich muss mal. Ich bin gleich zurück. Dann gehn wir zusammen rein.“

Lest mit verteilten Rollen!
Schreibe den Text in dein Heft.

Stolz Verlag Edition **Lendersdorfer Traumfabrik** Sofie macht Geschichten – Literaturblätter, Best.-Nr. 108

Was wir alle können

Sprich und schreibe wie in folgenden Beispielen:

Ich kann schwimmen,
du kannst schwimmen,
Olli kann auch schwimmen.

Ich schwimme,
du schwimmst,
Olli schwimmt auch.
Wir alle schwimmen.

Ich kann tauchen,

Ich kann atmen,

Ich kann lügen,

Ich kann brüllen,

Kannst du schwimmen? Erzähle, wie du es gelernt hast.

Falls du nicht schwimmen kannst: Hast du Angst vor Wasser? Berichte.

Stolz Verlag Edition **Lendersdorfer Traumfabrik** Sofie macht Geschichten – Literaturblätter, Best.-Nr. 108

Sofie setzt sich auf ein Marmeladenbrot

Seite 27

Was wir tun

Ergänze wie im Beispiel. Schreibe dann alles in dein Heft. Lies laut!

er rennt – *wir rennen*

er kriegt etwas – ____________________

sie sitzt – ____________________

sie steht auf – ____________________

es klebt – ____________________

sie steht – ____________________

er lacht – ____________________

sie putzt – ____________________

es liegt – ____________________

Lies die folgenden Wörter mehrmals hintereinander. Lies laut und konzentriere dich gut. Merke dir die Reihenfolge.
Decke die Wörter jetzt ab und schreibe auswendig auf. Hast du dir alle gemerkt?

Mauer – Marmelade – Brot

Popo – Lappen – Hose

klebrig – nass – vorsichtig

Stolz Verlag Edition **Lendersdorfer Traumfabrik** Sofie macht Geschichten – Literaturblätter, Best.-Nr. 108

Im Krankenhaus

Welche Wörter haben nichts mit Krankenhaus zu tun? Streiche sie weg. Bei einigen Wörtern ist unklar, ob sie passen oder nicht. Man kann geteilter Meinung sein. Begründe deshalb deine Entscheidungen!

Krankenzimmer, Krankenbett, Feuerwehr, Ärztin, Pfleger, Medizin, Krankheit, Gewitter, Untersuchung, Blutvergiftung, Freude, Angst, blass, aufgeregt, lustig, Hunger, Decke, Hausschuhe, Waschmaschine, Straßenbahn, Hubschrauber, operieren, lachen, Radio, schwitzen, flüstern, tanzen, gesund, krank, frech

Beantworte die Fragen. Bilde ganze Sätze:

1. Welche Krankheit hat Klemens?
2. Wo befindet er sich?
3. Welche Gefühle hat Sofie ihrem Bruder gegenüber?
4. Wann darf Sofie Klemens endlich besuchen?
5. Wie sieht Klemens aus?
6. Was hat Sofie Klemens mitgebracht?
7. Wie nennt Klemens seine Schwester, wenn es ihm gut geht?
8. Was passiert am ersten Abend, als Klemens wieder zu Hause ist?

Warst du schon einmal im Krankenhaus? Warst du dort, um jemanden zu besuchen oder hast du selbst drin gelegen? Erzähle.

Stolz Verlag Edition **Lendersdorfer Traumfabrik** Sofie macht Geschichten – Literaturblätter, Best.-Nr. 108

Sprichwörter

Kennst du die Bedeutung dieser Sprichwörter? Erkläre mit eigenen Worten.

Sofie hat einen Vogel: Sofie spinnt

Ich habe die Nase voll:

Du hast aber Schwein:

Er kann mir den Buckel runterrutschen:

Mir steht das Wasser bis zum Hals:

Daran beißt man sich ja die Zähne aus:

Mal nicht den Teufel an die Wand!:

Ich glaube, mich tritt ein Pferd:

Kennst du noch andere Sprichwörter? Schreibe sie auf. Wissen deine Mitschüler, was sie bedeuten? Macht ein Sprichwörter-Quiz!

Haustiere

Welche Vögel werden gern als Haustiere in Käfigen gehalten?
Schreibe auf, was dir einfällt. Vergleicht eure Ergebnisse.

Welche Haustiere sind sehr beliebt?

Hast du auch ein Haustier? Berichte darüber.
Schreibe einen kleinen Text und zeichne etwas dazu.

Was ist das?
Schreibe dazu eine Geschichte!

Stolz Verlag Edition **Lendersdorfer Traumfabrik** Sofie macht Geschichten – Literaturblätter, Best.-Nr. 108

Deine Meinung – deine Gedanken

Lies die Geschichte im Buch aufmerksam. Denke jetzt über dich selbst nach. Beantworte dann die folgenden Fragen.

1. Hast du auch schon mal nicht aufgepasst im Unterricht? Was geschah dann?
2. Wenn du deine Hausaufgaben nicht mehr weißt: Was machst du dann?
3. Wen würdest du ungern fragen, wenn du etwas nicht weißt? Warum?
4. Wen würdest du immer ohne Angst fragen, wenn du etwas nicht weißt? Begründe!
5. Hast du schon einmal mit jemandem zusammen die Hausaufgaben gemacht? Wie war das?
6. Lernst du lieber allein oder mit jemandem gemeinsam?
7. Um welche Zeit machst du deine Schulaufgaben?
8. Hast du schon einmal deine Hausaufgaben vergessen? Was passierte?
9. Warum musst du überhaupt lernen?

Stolz Verlag Edition **Lendersdorfer Traumfabrik** Sofie macht Geschichten – Literaturblätter, Best.-Nr. 108

Wegen Sofie darf die ganze Schule malen

Seiten 34 – 37

Die richtige Reihenfolge

Hier sind einige Zeilen durcheinander geraten.
Kannst du trotzdem fließend lesen, ohne mit dem Stift zu nummerieren?
Konzentriere dich gut. Lies zuerst still für dich, dann laut.

Sofie malt ein Bild mit bunten

in einer Ecke des Schulhofs.

Kreiden. Sie malt es auf den Boden

Ein Junge tritt auf die Sonne,

Sofie brüllt: „Du bist gemein!“

die Sofie gemalt hat.

Aber der Junge schabt mit dem Schuh.

Sofie weint. Der Junge rennt weg.

Frau Heinrich fragt Sofie:

„Der Arsch ist in meine Sonne getreten.“

„Was ist los?“

Sofie sagt trotzig:

Du bist Sofie. Erzähle zu Hause, was in der Schule passiert ist!

Stolz Verlag Edition **Lendersdorfer Traumfabrik** Sofie macht Geschichten – Literaturblätter, Best.-Nr. 108

Schimpfeln

Seiten 38 – 39

Sofie erfindet Wörter

Was alles könnte man nur ein bisschen machen?

ein bisschen schimpfen: schimpfeln

ganz leise fluchen: flücheln

ein bisschen lachen:

ein bisschen weinen:

ein bisschen hüpfen:

ein bisschen schwimmen:

ein bisschen kochen:

Findest du selbst Wörter? Sei mal Sprach-Erfinder!
Ihr könnt euch in einen Kreis setzen und dann „draufloserfindeln“!

Antworte mündlich oder schriftlich:

1. Worüber musst du dich manchmal sehr ärgern?
2. Wann hast du dich zuletzt geärgert? Worüber?
3. Was machst du, wenn du dich ärgerst?
4. Gebrauchst du Schimpfwörter? Warum?
5. Hilft es, wenn man schimpft?
6. Ist es manchmal besser, nicht zu schimpfen?

Sofie verstellt sich

Seiten 40 – 43

Was machst du gern?
Was machst du nicht so gern?

turnen, hüpfen, Ball spielen, Fangen spielen, laufen, singen, zeichnen, lesen, schreiben, Musik hören, fernsehen, schlafen

Lies die Wörter laut. Denke darüber nach, was du besonders gern machst. Schreibe dann Sätze. Formuliere jeden Satz anders. Wähle aus den Beispielen:

Ich turne gern. oder *Ich mag gern turnen.* oder *Es macht mir Spaß zu turnen.*

Was du weniger gern machst, formulierst du so:

Ich turne nicht gern. oder *Ich mag nicht gern turnen.* oder *Es macht mir keinen Spaß zu turnen.*

Wer sagt was?

Schreibe vor die Zeilen, wer spricht. Lest mit verteilten Rollen. Spielt die Szene!

__________ : Ich kann nicht mitmachen. Ich habe Schmerzen.

__________ : Tut dir das Bein richtig weh? Dann ist es besser, du spielst nicht mit.

__________ : Was ist eigentlich los mit deinem Bein?

__________ : Ich hab Schmerzen.

__________ : Immer nur, wenn Turnen ist?

__________ : Zeig her! Also ich seh da nichts.

__________ : Schmerzen kann man auch nicht sehen.

__________ : Solche bestimmt nicht.

__________ : Das nächste Mal machst du wieder mit.

__________ : Aber die anderen knuffen mich dauernd.

__________ : Deswegen hast du also Schmerzen.

Stolz Verlag Edition **Lendersdorfer Traumfabrik** Sofie macht Geschichten – Literaturblätter, Best.-Nr. 108

Logisch denken

Kannst du die Kinder in die richtigen Bänke setzen?

Olli sitzt vor Katja.

Katja sitzt neben Sofie.

Sofie sitzt rechts in der zweiten Reihe.

Michael sitzt vor Sofie.

Ayla sitzt hinter Sofie.

Bernd sitzt ganz hinten links.

(Auflösung: Umschlagseite hinten)

Wer sitzt in eurer Klasse neben wem?
Schreibe ein paar Sätze auf.
Verwende folgende Formulierungen:

links neben, rechts neben, vor, hinter, in der letzten Reihe, ganz vorn

Stolz Verlag Edition **Lendersdorfer Traumfabrik** Sofie macht Geschichten – Literaturblätter, Best.-Nr. 108

Nudeln auf Italienisch

Seiten 45 – 47

Hast du beim Lesen gut aufgepasst?

Kreuze richtig an: stimmt / stimmt nicht

	stimmt	stimmt nicht
1. Sofie hat einen alten Zopf.		
2. Sie rührt Papierschnitzel und Gras.		
3. Serafina hat auch dreckige Knie.		
4. Sofie sagt: „Ich koche Spaghetti."		
5. Serafina will lieber Nudeln kochen.		
6. Sofie ärgert sich über Serafina.		
7. Serafina ärgert sich über Sofie.		
8. Sofie läuft mit ihrem Topf weg.		
9. Serafina läuft nicht hinterher.		
10. Nudeln heißen auf Italienisch Spaghetti.		

stimmt: 2, 3, 6, 7, 8, 10

Stolz Verlag Edition **Lendersdorfer Traumfabrik** Sofie macht Geschichten – Literaturblätter, Best.-Nr. 108

Sofie hat einen neuen Pullover

Seiten 48 – 49

Wie die Dinge sind

Schreibe auf, wie die Dinge sind. Halte dich an das Beispiel!

Pullover, T-Shirt, Jeans, Schuhe, Stiefel, Jacke, Schultasche, Buch, Haare, Gesicht, Himmel, Schnee, Ferien

rot, gelb, blau, neu, schön, warm, schwer, spannend, lang, traurig, grau, kalt, prima

Der Pullover ist rot. Das ...

Denke dir selbst Sätze aus, wie Dinge sein können! Schreibe fünf Sätze in dein Heft. Zeichne dazu!

Wenn du etwas Neues anhast

Wie fühlst du dich, wenn du ein neues Kleidungsstück anhast? Ist es wichtig, dass die anderen etwas dazu sagen? Warum? Sagst du den anderen auch etwas, wenn sie etwas Neues anhaben?

Stolz Verlag Edition **Lendersdorfer Traumfabrik** Sofie macht Geschichten – Literaturblätter, Best.-Nr. 108

Sofie und Olli holen Axel, Renate und den dicken Bernd

Seiten 50 – 51

Ärger auf dem Heimweg

Sofie erzählt zu Hause, was passiert ist. Aber vor Aufregung sind ihr die Sätze durcheinander geraten. Mach das für Sofie richtig und lies dann laut vor!
Tipp: Es gibt mehrere Möglichkeiten, eine sinnvolle Reihenfolge herzustellen!

- ☐ Vor dem Fotoladen haben zwei Jungen auf uns gewartet.
- ☐ Heute nach der Schule ist was passiert.
- ☐ Sie haben uns geärgert. Sie haben uns geboxt.
- ☐ Ich bin mit Olli nach Hause gegangen.
- ☐ Da haben die beiden Jungen es mit der Angst gekriegt.
- ☐ Plötzlich sind die auf Olli und mich losgegangen.
- ☐ Sie haben sich umgedreht und ins Schaufenster geguckt.
- ☐ Wir hatten solche Angst.
- ☐ Da hat der Olli eine Idee gehabt.
- ☐ Er ist zurückgelaufen und hat Axel, Renate und den dicken Bernd geholt.

Kannst du zu diesem Thema ein eigenes Erlebnis erzählen? Setzt euch in eine Runde und sprecht darüber!

Diese Reihenfolge ist sinnvoll:
3, 1, 5, 2, 9, 4, 10, 6, 7, 8

Wörter ordnen

Hier haben wir einen richtigen „Wortsalat“ für dich gemixt.
Erkennst du die verschiedenen Wortarten?

Substantive (werden groß geschrieben): Male sie rot an.
Verben (sagen uns, was wir tun, was geschieht): Male sie grün an.
Adjektive (sagen uns, wie die Dinge sind): Male sie blau an.

Sofie, schreien, Kopf, schütteln, lachen, Gestank, rutschen, sauber, müssen, nicken, Frau, brüllen, achten, Klo, rufen, wissen

Wenn du es richtig gemacht hast, dann hast du gefunden:

- 5 Substantive
- 10 Verben
- 1 Adjektiv

Adjektive

Das einsame Adjektiv in der ersten Übung ist traurig.
Wir sollten für Gesellschaft sorgen.
Adjektive sagen uns, wie Dinge aussehen, riechen, schmecken, sich anfühlen ...
Schreibe hier zehn Adjektive auf:

Stolz Verlag Edition **Lendersdorfer Traumfabrik** Sofie macht Geschichten – Literaturblätter, Best.-Nr. 108

Wer hilft wem?

Seiten 54 – 57

Aufmerksam lesen

Hier sind Sätze aus dem Buch. In jedem Satz hat sich ein Wort eingeschlichen – es gehört nicht hin.
Lies Satz für Satz aufmerksam. Streiche jeweils das falsche Wort weg.

1. Sofies Mutter liegt im falschen Bett und hat Fieber.
2. Der Doktor kommt morgen und stellt fest, dass sie nicht aufstehen darf.
3. „So wirst du nie mehr gesund", schimpft Sofies Vater.
4. Vater sagt: „Ihr könnt euch mal euer süßes Brot selber streichen."
5. Vater sagt: „Ihr könnt euch die Suppe selber oft wärmen."
6. Aber dann schaltet Sofie den Herd nicht vorne aus.
7. Und Klemens schmeißt zwei neue Teller runter.
8. Und die Mutter saust wieder stöhnend rum.

1. Hast du schon einmal jemandem geholfen? Wie? Weshalb? Berichte.
2. Macht Helfen selbst immer Freude? Wie fühlt man sich, wenn es vorbei ist?
3. Hat dir schon einmal jemand geholfen? Wobei? Wie war das? Berichte.

Die „eingeschmuggelten" Wörter:
falschen, morgen, mehr, süßes, oft,
vorne, neue, stöhnend

Stolz Verlag Edition **Lendersdorfer Traumfabrik** Sofie macht Geschichten – Literaturblätter, Best.-Nr. 108

Olli kommt auf eine andere Schule

Seiten 58 – 61

Fragen beantworten

Denke gut nach, ehe du antwortest. Antworte ausführlich, also nicht nur mit einem Wort oder einem Satz. Lasse dir mit der Formulierung Zeit. Sprich laut und deutlich – und in ganzen Sätzen.

1. Wie versteht sich Sofie mit Olli?
2. Was geschieht kurz vor den Ferien?
3. Wie fühlt sich Sofie, als Olli ihr von der anderen Schule erzählt?
4. Was beschließt Sofie?
5. Weshalb ist es für Olli besser, an die neue Schule zu gehen?
6. Weshalb kann Sofie nicht mit an Ollis neue Schule?
7. Katja bleibt in Sofies Klasse. Weshalb ist Sofie zuerst damit nicht zufrieden?

Sofie sitzt allein in ihrem Zimmer. Sie denkt nach. Welche Gedanken gehen ihr wohl durch den Kopf? Schreibe sie auf.

Eine persönliche Anmerkung zum Schluss:
Die „andere" Schule ist nicht schlechter. Dort findet Olli Lehrer, die sehr viel Geduld haben, wenn Kinder langsamer denken. Wenn Olli viel Zeit zum Denken bekommt, dann kann er dasselbe leisten wie die Kinder in Sofies Klasse. Dort geht es einfach viel zu schnell.
Wir sollten uns überhaupt mehr Zeit beim Denken lassen! Das würde für uns alle besser sein, nicht nur für Kinder wie Olli!

Stolz Verlag Edition **Lendersdorfer Traumfabrik** Sofie macht Geschichten – Literaturblätter, Best.-Nr. 108

„Lendersdorfer Traumfabrik“ im Stolz Verlag

Stolz Verlag, Schneidhausener Weg 52, 52355 Düren, Tel. (02421) 5 79 79

Sachfächer

Themenhefte mit leicht verständlichen Texten zum sinnerfassenden Lesen und Lernen; mit Arbeitsanweisungen:

Das Wetter ab 2. Sj. *Best.-Nr. 042*

Laubbäume ab 2. Sj. *Best.-Nr. 089*

Blumen am Wegrand
Minitexte ab 2. Sj. *Best.-Nr. 043*

Was wächst im Wald?
Minitexte ab 2. Sj. *Best.-Nr. 101*

Der Baum-Detektiv *Best.-Nr. 131*

Jahreszeiten ab 2. Sj. *Best.-Nr. 047*

Die Natur im Jahreskreis
ab 4. Sj. *Best.-Nr. 115*

Haustiere 2. Sj. *Best.-Nr. 048*

Zootiere ab 2. Sj. *Best.-Nr. 044*

Vögel ab 3. Sj. *Best.-Nr. 111*

Bauernhoftiere ab 2. Sj. *Best.-Nr. 057*

Indianer ab 2. Sj. *Best.-Nr. 045*

Hexen und Zauberer *Best.-Nr. 134*

Sonne, Mond und Sterne
ab 4. Sj. *Best.-Nr. 081*

Deutschland kennen lernen
ab 3. Sj. *Best.-Nr. 058*

Europa kennen lernen
ab 4. Sj. *Best.-Nr. 084*

Einmal um die Welt *Best.-Nr. 008*

Durch die Wüste *Best.-Nr. 100*

Die Alpen ab 5. Sj. *Best.-Nr. 147*

Das Wattenmeer *Best.-Nr. 148*

Bibelgeschichten AT *Best.-Nr. 180*

Bibelgeschichten NT *Best.-Nr. 074*

Weltreligionen ab 3. Sj. *Best.-Nr. 075*

Der Islam ab 5. Sj. *Best.-Nr. 113*

Das Judentum ab 5. Sj. *Best.-Nr. 076*

Vom Getreide zum Brot
ab 3. Sj. *Best.-Nr. 080*

Gesunde Ernährung *Best.-Nr. 135*

Obst und Gemüse *Best.-Nr. 116*

Pilze ab 3. Sj. *Best.-Nr. 109*

Der menschliche Körper
ab 3. Sj. *Best.-Nr. 079*

Ritter und Burgen *Best.-Nr. 125*

Leben in einer mittelalterlichen Stadt ab 3. Sj. *Best.-Nr. 132*

Steinzeitmenschen *Best.-Nr. 516*

Die Römer ab 4. Sj. *Best.-Nr. 520*

Die Alten Griechen *Best.-Nr. 514*

Die Alten Ägypter *Best.-Nr. 515*

Räuber und Piraten *Best.-Nr. 133*

Erfindungen ab 4. Sj. *Best.-Nr. 519*

Entdecker ab 4. Sj. *Best.-Nr. 518*

Besuch in einer alten Schule
ab 3. Sj. *Best.-Nr. 129*

Adolf Hitler ab 7. Sj. *Best.-Nr. 120*

Alltag im 3. Reich *Best.-Nr. 077*

Persönlichkeiten der Geschichte
ab 5. Sj. *Best.-Nr. 119*

Theater & Sketche

Fabelhafte Sketche *Best.-Nr. 146*

5-Minuten-Sketche Grundschule *Best.-Nr. 140*

Witzige Schulbühne
1. bis 10. Schuljahr *Best.-Nr. 112*

Neue witzige Schulsketche
alle Altersstufen *Best.-Nr. 705*

Klapsmühle – Sketche
alle Altersstufen *Best.-Nr. 704*

Die Hexe Furufara
Theaterstück GS, OS *Best.-Nr. 009*

Für Lehrer

Berichtszeugnisse
Textbausteine für die Grundschule *Best.-Nr. 201*

Unterrichts-Check-Up
für Lehrproben; Wie bereite ich erfolgreichen Unterricht vor? *Best.-Nr. 200*

Lust auf Schule
Mutmachbuch für Lehrer
20 Gebote, humorvoll aufbereitet. Ein tolles Geschenk für Kollegen! *Best.-Nr. 202*

Das friedliche Klassenzimmer
Das Buch für die Pflege der Seelenhygiene von Lehrern wie Schülern; für alle Schulstufen geeignet *Best.-Nr. 204*

Der erste Schultag
31 Tipps und Spielideen für die Einschulung *Best.-Nr. 006*

Einfache Wege zur Stille
Übungen und Rituale in der Schulklasse
Für alle Altersstufen *Best.-Nr. 105*

Besser zuhören, besser lernen
Übungen und Spiele für alle Altersstufen; Schule, Therapie, Nachhilfe *Best.-Nr. 010*

Konzentration / Entspannung
Heitere und besinnliche Spiele mit unserer Sprache; ab 5. Schuljahr *Best.-Nr. 003*

Gedächtnisübungen & Lernstrategien ab 5. Schuljahr
Wie lernt man am besten? Lern- und Merkstrategien *Best.-Nr. 005*

Bestell-Coupon

Ja, bitte senden Sie mir (uns) gegen Rechnung folgende Artikel:

Artikel-Nummern hier eintragen: ____________

____

____

____

____

____

____

____

____

____

☐ Bitte schicken Sie mir Ihren kostenlosen aktuellen Katalog!

Bestell-Anschrift:

Stolz Verlag
Stuttgarter Verlagskontor SVK GmbH
Postfach 106016 70049 Stuttgart
Tel. (07 11) 66 72-12 16
Fax (07 11) 66 72-19 74
Internet-Shop: www.stolzverlag.de

Meine Anschrift:

____
Vorname, Name

____
Straße

____
PLZ/Ort

____
Datum/Unterschrift

____